全国人民代表大会常务委员会公报版

中华人民共和国
粮食安全保障法

中国民主法制出版社

图书在版编目（CIP）数据

中华人民共和国粮食安全保障法/全国人大常委会办公厅供稿.—北京：中国民主法制出版社，2024.1
ISBN 978-7-5162-3492-1

Ⅰ.①中… Ⅱ.①全… Ⅲ.①粮食安全保障法—中国 Ⅳ.①D922.4

中国国家版本馆 CIP 数据核字（2024）第 001698 号

书名/中华人民共和国粮食安全保障法

出版·发行/中国民主法制出版社
地址/北京市丰台区右安门外玉林里 7 号（100069）
电话/（010）63055259（总编室） 63058068 63057714（营销中心）
传真/（010）63055259
http：//www.npcpub.com
E-mail：mzfz@npcpub.com
经销/新华书店
开本/32 开 850 毫米×1168 毫米
印张/1.5 字数/25 千字
版本/2024 年 1 月第 1 版 2024 年 1 月第 1 次印刷
印刷/三河市宏图印务有限公司

书号/ISBN 978-7-5162-3492-1
定价/8.00 元
出版声明/版权所有，侵权必究。

（如有缺页或倒装，本社负责退换）

目 录

中华人民共和国主席令（第十七号）……………（1）

中华人民共和国粮食安全保障法………………（3）

关于《中华人民共和国粮食安全保障法
（草案）》的说明……………………………（26）

全国人民代表大会宪法和法律委员会关于
《中华人民共和国粮食安全保障法
（草案）》修改情况的汇报…………………（33）

全国人民代表大会宪法和法律委员会关于
《中华人民共和国粮食安全保障法
（草案）》审议结果的报告…………………（37）

全国人民代表大会宪法和法律委员会关于
《中华人民共和国粮食安全保障法
（草案三次审议稿）》修改意见的报告………（42）

中华人民共和国主席令

第十七号

《中华人民共和国粮食安全保障法》已由中华人民共和国第十四届全国人民代表大会常务委员会第七次会议于2023年12月29日通过，现予公布，自2024年6月1日起施行。

中华人民共和国主席　习近平
2023年12月29日

中华人民共和国粮食安全保障法

(2023年12月29日第十四届全国人民代表大会常务委员会第七次会议通过)

目 录

第一章　总　　则

第二章　耕地保护

第三章　粮食生产

第四章　粮食储备

第五章　粮食流通

第六章　粮食加工

第七章　粮食应急

第八章　粮食节约

第九章　监督管理

第十章　法律责任

第十一章　附　则

第一章　总　则

第一条　为了保障粮食有效供给，确保国家粮食安全，提高防范和抵御粮食安全风险能力，维护经济社会稳定和国家安全，根据宪法，制定本法。

第二条　国家粮食安全工作坚持中国共产党的领导，贯彻总体国家安全观，统筹发展和安全，实施以我为主、立足国内、确保产能、适度进口、科技支撑的国家粮食安全战略，坚持藏粮于地、藏粮于技，提高粮食生产、储备、流通、加工能力，确保谷物基本自给、口粮绝对安全。

保障国家粮食安全应当树立大食物观，构建多元化食物供给体系，全方位、多途径开发食物资源，满足人民群众对食物品种丰富多样、品质营养健康的消费需求。

第三条　国家建立粮食安全责任制，实行粮食安全党政同责。县级以上地方人民政府应当承担保障本行政区域粮食安全的具体责任。

县级以上人民政府发展改革、自然资源、农业农村、粮食和储备等主管部门依照本法和规定的职责，协同配合，做好粮食安全保障工作。

第四条 国家加强粮食宏观调控，优化粮食品种结构和区域布局，统筹利用国内、国际的市场和资源，构建科学合理、安全高效的粮食供给保障体系，提升粮食供给能力和质量安全。

国家加强国际粮食安全合作，发挥粮食国际贸易作用。

第五条 县级以上人民政府应当将粮食安全保障纳入国民经济和社会发展规划。县级以上人民政府有关部门应当根据粮食安全保障目标、任务等，编制粮食安全保障相关专项规划，按照程序批准后实施。

第六条 国家建立健全粮食安全保障投入机制，采取财政、金融等支持政策加强粮食安全保障，完善粮食生产、收购、储存、运输、加工、销售协同保障机制，建设国家粮食安全产业带，调动粮食生产者和地方人民政府保护耕地、种粮、做好粮食安全保障工作的积极性，全面推进乡村振兴，促进粮食产业高质量发展，增强国家粮食安全保障能力。

国家引导社会资本投入粮食生产、储备、流通、加工等领域，并保障其合法权益。

国家引导金融机构合理推出金融产品和服务，为粮食生产、储备、流通、加工等提供支持。国家完善政策性农业保险制度，鼓励开展商业性保险业务。

第七条 国家加强粮食安全科技创新能力和信息化建设，支持粮食领域基础研究、关键技术研发和标准化工作，完善科技人才培养、评价和激励等机制，促进科技创新成果转化和先进技术、设备的推广使用，提高粮食生产、储备、流通、加工的科技支撑能力和应用水平。

第八条 各级人民政府及有关部门应当采取多种形式加强粮食安全宣传教育，提升全社会粮食安全意识，引导形成爱惜粮食、节约粮食的良好风尚。

第九条 对在国家粮食安全保障工作中做出突出贡献的单位和个人，按照国家有关规定给予表彰和奖励。

第二章 耕地保护

第十条 国家实施国土空间规划下的国土空间用途管制，统筹布局农业、生态、城镇等功能空间，划定落实耕地和永久基本农田保护红线、生态保护红线和城镇开发边界，严格保护耕地。

国务院确定省、自治区、直辖市人民政府耕地和永久基本农田保护任务。县级以上地方人民政府应当确保本行政区域内耕地和永久基本农田总量不减少、质量有提高。

国家建立耕地保护补偿制度，调动耕地保护责任主体保护耕地的积极性。

第十一条 国家实行占用耕地补偿制度，严格控制各类占用耕地行为；确需占用耕地的，应当依法落实补充耕地责任，补充与所占用耕地数量相等、质量相当的耕地。

省、自治区、直辖市人民政府应当组织本级人民政府自然资源主管部门、农业农村主管部门对补充耕地的数量进行认定、对补充耕地的质量进行验收，并加强耕地质量跟踪评价。

第十二条 国家严格控制耕地转为林地、草地、园地等其他农用地。禁止违规占用耕地绿化造林、挖湖造景等行为。禁止在国家批准的退耕还林还草计划外擅自扩大退耕范围。

第十三条 耕地应当主要用于粮食和棉、油、糖、蔬菜等农产品及饲草饲料生产。县级以上地方人民政府应当根据粮食和重要农产品保供目标任务，加强耕地种植用途管控，落实耕地利用优先序，调整优化种植结构。具体办法由国务院农业农村主管部门制定。

县级以上地方人民政府农业农村主管部门应当加强耕地种植用途管控日常监督。村民委员会、农村集体经济组织发现违反耕地种植用途管控要求行为的，应当及时向乡镇人民政府或者县级人民政府农业农村主管部门报告。

第十四条 国家建立严格的耕地质量保护制度，加强高标准农田建设，按照量质并重、系统推进、永续利用的要求，坚持政府主导与社会参与、统筹规划与分步实施、用养结合与建管并重的原则，健全完善多元投入保障机制，提高建设标准和质量。

第十五条　县级以上人民政府应当建立耕地质量和种植用途监测网络，开展耕地质量调查和监测评价，采取土壤改良、地力培肥、治理修复等措施，提高中低产田产能，治理退化耕地，加强大中型灌区建设与改造，提升耕地质量。

国家建立黑土地保护制度，保护黑土地的优良生产能力。

国家建立健全耕地轮作休耕制度，鼓励农作物秸秆科学还田，加强农田防护林建设；支持推广绿色、高效粮食生产技术，促进生态环境改善和资源永续利用。

第十六条　县级以上地方人民政府应当因地制宜、分类推进撂荒地治理，采取措施引导复耕。家庭承包的发包方可以依法通过组织代耕代种等形式将撂荒地用于农业生产。

第十七条　国家推动盐碱地综合利用，制定相关规划和支持政策，鼓励和引导社会资本投入，挖掘盐碱地开发利用潜力，分区分类开展盐碱耕地治理改良，加快选育耐盐碱特色品种，推广改良盐碱地有效做法，遏制耕地盐碱化趋势。

第三章　粮食生产

第十八条　国家推进种业振兴，维护种业安全，推动种业高质量发展。

国家加强粮食作物种质资源保护开发利用，建设国家农业种质资源库，健全国家良种繁育体系，推进粮食作物种质资源保护与管理信息化建设，提升供种保障能力。

国家加强植物新品种权保护，支持育种基础性、前沿性研究和应用技术研究，鼓励粮食作物种子科技创新和产业化应用，支持开展育种联合攻关，培育具有自主知识产权的优良品种。

第十九条 省级以上人民政府应当建立种子储备制度，主要用于发生灾害时的粮食生产需要及余缺调剂。

第二十条 县级以上人民政府应当统筹做好肥料、农药、农用薄膜等农业生产资料稳定供应工作，引导粮食生产者科学施用化肥、农药，合理使用农用薄膜，增施有机肥料。

第二十一条 国家加强水资源管理和水利基础设施建设，优化水资源配置，保障粮食生产合理用水需求。各级人民政府应当组织做好农田水利建设和运行维护，保护和完善农田灌溉排水体系，因地制宜发展高效节水农业。

县级以上人民政府应当组织开展水土流失综合治理、土壤污染防治和地下水超采治理。

第二十二条 国家推进农业机械产业发展，加强农业机械化作业基础条件建设，推广普及粮食生产机械化技术，鼓励使用绿色、智能、高效的农业机械，促进粮食生产全程机械化，提高粮食生产效率。

第二十三条　国家加强农业技术推广体系建设，支持推广应用先进适用的粮食生产技术，因地制宜推广间作套种等种植方法，鼓励创新推广方式，提高粮食生产技术推广服务水平，促进提高粮食单产。

国家鼓励农业信息化建设，提高粮食生产信息化、智能化水平，推进智慧农业发展。

第二十四条　国家加强粮食生产防灾减灾救灾能力建设。县级以上人民政府应当建立健全农业自然灾害和生物灾害监测预警体系、防灾减灾救灾工作机制，加强干旱、洪涝、低温、高温、风雹、台风等灾害防御防控技术研究应用和安全生产管理，落实灾害防治属地责任，加强粮食作物病虫害防治和植物检疫工作。

国家鼓励和支持开展粮食作物病虫害绿色防控和统防统治。粮食生产者应当做好粮食作物病虫害防治工作，并对各级人民政府及有关部门组织开展的病虫害防治工作予以配合。

第二十五条　国家加强粮食生产功能区和重要农产品生产保护区建设，鼓励农业生产者种植优质农作物。县级以上人民政府应当按照规定组织划定粮食生产功能区和重要农产品生产保护区并加强建设和管理，引导农业生产者种植目标作物。

第二十六条　国家采取措施稳定粮食播种面积，合理布局粮食生产，粮食主产区、主销区、产销平衡区都应当保面积、保产量。

粮食主产区应当不断提高粮食综合生产能力，粮食主销区应当稳定和提高粮食自给率，粮食产销平衡区应当确保粮食基本自给。

国家健全粮食生产者收益保障机制，以健全市场机制为目标完善农业支持保护制度和粮食价格形成机制，促进农业增效、粮食生产者增收，保护粮食生产者的种粮积极性。

省级以上人民政府应当通过预算安排资金，支持粮食生产。

第二十七条 国家扶持和培育家庭农场、农民专业合作社等新型农业经营主体从事粮食生产，鼓励其与农户建立利益联结机制，提高粮食生产能力和现代化水平。

国家支持面向粮食生产者的产前、产中、产后社会化服务，提高社会化服务水平，鼓励和引导粮食适度规模经营，支持粮食生产集约化。

第二十八条 国家健全粮食主产区利益补偿机制，完善对粮食主产区和产粮大县的财政转移支付制度，调动粮食生产积极性。

省、自治区、直辖市人民政府可以根据本行政区域实际情况，建立健全对产粮大县的利益补偿机制，提高粮食安全保障相关指标在产粮大县经济社会发展综合考核中的比重。

第四章　粮食储备

第二十九条　国家建立政府粮食储备体系。政府粮食储备分为中央政府储备和地方政府储备。政府粮食储备用于调节粮食供求、稳定粮食市场、应对突发事件等。

中央政府粮食储备规模和地方政府粮食储备总量规模由国务院确定并实行动态调整。政府粮食储备的品种结构、区域布局按照国务院有关规定确定。

政府粮食储备的收购、销售、轮换、动用等应当严格按照国家有关规定执行。

第三十条　承储政府粮食储备的企业或者其他组织应当遵守法律、法规和国家有关规定，实行储备与商业性经营业务分开，建立健全内部管理制度，落实安全生产责任和消防安全责任，对承储粮食数量、质量负责，实施粮食安全风险事项报告制度，确保政府粮食储备安全。

承储中央政府粮食储备和省级地方政府粮食储备的企业应当剥离商业性经营业务。

政府粮食储备的收购、销售、轮换、动用等应当进行全过程记录，实现政府粮食储备信息实时采集、处理、传输、共享，确保可查询、可追溯。

第三十一条　承储政府粮食储备的企业或者其他组

织应当保证政府粮食储备账实相符、账账相符，实行专仓储存、专人保管、专账记载，不得虚报、瞒报政府粮食储备数量、质量、品种。

承储政府粮食储备的企业或者其他组织应当执行储备粮食质量安全检验监测制度，保证政府粮食储备符合规定的质量安全标准、达到规定的质量等级。

第三十二条　县级以上地方人民政府应当根据本行政区域实际情况，指导规模以上粮食加工企业建立企业社会责任储备，鼓励家庭农场、农民专业合作社、农业产业化龙头企业自主储粮，鼓励有条件的经营主体为农户提供粮食代储服务。

第三十三条　县级以上人民政府应当加强粮食储备基础设施及质量检验能力建设，推进仓储科技创新和推广应用，加强政府粮食储备管理信息化建设。

第三十四条　县级以上人民政府应当将政府粮食储备情况列为年度国有资产报告内容，向本级人民代表大会常务委员会报告。

第五章　粮食流通

第三十五条　国家加强对粮食市场的管理，充分发挥市场作用，健全市场规则，维护市场秩序，依法保障粮食经营者公平参与市场竞争，维护粮食经营者合法权益。

国家采取多种手段加强对粮食市场的调控，保持全国粮食供求总量基本平衡和市场基本稳定。县级以上地方人民政府应当采取措施确保国家粮食宏观调控政策的贯彻执行。

第三十六条 县级以上地方人民政府应当加强对粮食仓储、物流等粮食流通基础设施的建设和保护，组织建设与本行政区域粮食收储规模和保障供应要求相匹配，布局合理、功能齐全的粮食流通基础设施，并引导社会资本投入粮食流通基础设施建设。

任何单位和个人不得侵占、损毁、擅自拆除或者迁移政府投资建设的粮食流通基础设施，不得擅自改变政府投资建设的粮食流通基础设施的用途。

第三十七条 从事粮食收购、储存、加工、销售的经营者以及饲料、工业用粮企业，应当按照规定建立粮食经营台账，并向所在地的县级人民政府粮食和储备主管部门报送粮食购进、储存、销售等基本数据和有关情况。

第三十八条 为了保障市场供应、保护粮食生产者利益，必要时国务院可以根据粮食安全形势和财政状况，决定对重点粮食品种在粮食主产区实行政策性收储。

第三十九条 从事粮食收购、加工、销售的规模以上经营者，应当按照所在地省、自治区、直辖市人民政府的规定，执行特定情况下的粮食库存量。

第四十条　粮食供求关系和价格显著变化或者有可能显著变化时，县级以上人民政府及其有关部门可以按照权限采取下列措施调控粮食市场：

（一）发布粮食市场信息；

（二）实行政策性粮食收储和销售；

（三）要求执行特定情况下的粮食库存量；

（四）组织投放储备粮食；

（五）引导粮食加工转化或者限制粮食深加工用粮数量；

（六）其他必要措施。

必要时，国务院和省、自治区、直辖市人民政府可以依照《中华人民共和国价格法》的规定采取相应措施。

第四十一条　国家建立健全粮食风险基金制度。粮食风险基金主要用于支持粮食储备、稳定粮食市场等。

第六章　粮食加工

第四十二条　国家鼓励和引导粮食加工业发展，重点支持在粮食生产功能区和重要农产品生产保护区发展粮食加工业，协调推进粮食初加工、精深加工、综合利用加工，保障粮食加工产品有效供给和质量安全。

粮食加工经营者应当执行国家有关标准，不得掺杂使假、以次充好，对其加工的粮食质量安全负责，接受监督。

第四十三条 国家鼓励和引导粮食加工结构优化，增加优质、营养粮食加工产品供给，优先保障口粮加工，饲料用粮、工业用粮加工应当服从口粮保障。

第四十四条 县级以上地方人民政府应当根据本行政区域人口和经济社会发展水平，科学布局粮食加工业，确保本行政区域的粮食加工能力特别是应急状态下的粮食加工能力。

县级以上地方人民政府应当在粮食生产功能区和重要农产品生产保护区科学规划布局粮食加工能力，合理安排粮食就地就近转化。

第四十五条 国家鼓励粮食主产区和主销区以多种形式建立稳定的产销关系，鼓励粮食主销区的企业在粮食主产区建立粮源基地、加工基地和仓储物流设施等，促进区域粮食供求平衡。

第四十六条 国家支持建设粮食加工原料基地、基础设施和物流体系，支持粮食加工新技术、新工艺、新设备的推广应用。

第七章　粮食应急

第四十七条 国家建立统一领导、分级负责、属地管理为主的粮食应急管理体制。

县级以上人民政府应当加强粮食应急体系建设，健全布局合理、运转高效协调的粮食应急储存、运输、加工、供应网络，必要时建立粮食紧急疏运机制，确保具备与应急需求相适应的粮食应急能力，定期开展应急演练和培训。

第四十八条　国务院发展改革、粮食和储备主管部门会同有关部门制定全国的粮食应急预案，报请国务院批准。省、自治区、直辖市人民政府应当根据本行政区域的实际情况，制定本行政区域的粮食应急预案。

设区的市级、县级人民政府粮食应急预案的制定，由省、自治区、直辖市人民政府决定。

第四十九条　国家建立粮食市场异常波动报告制度。发生突发事件，引起粮食市场供求关系和价格异常波动时，县级以上地方人民政府发展改革、农业农村、粮食和储备、市场监督管理等主管部门应当及时将粮食市场有关情况向本级人民政府和上一级人民政府主管部门报告。

第五十条　县级以上人民政府按照权限确认出现粮食应急状态的，应当及时启动应急响应，可以依法采取下列应急处置措施：

（一）本法第四十条规定的措施；

（二）增设应急供应网点；

（三）组织进行粮食加工、运输和供应；

（四）征用粮食、仓储设施、场地、交通工具以及保障粮食供应的其他物资；

（五）其他必要措施。

必要时，国务院可以依照《中华人民共和国价格法》的规定采取相应措施。

出现粮食应急状态时，有关单位和个人应当服从县级以上人民政府的统一指挥和调度，配合采取应急处置措施，协助维护粮食市场秩序。

因执行粮食应急处置措施给他人造成损失的，县级以上人民政府应当按照规定予以公平、合理补偿。

第五十一条　粮食应急状态消除后，县级以上人民政府应当及时终止实施应急处置措施，并恢复应对粮食应急状态的能力。

第八章　粮食节约

第五十二条　国家厉行节约，反对浪费。县级以上人民政府应当建立健全引导激励与惩戒教育相结合的机制，加强对粮食节约工作的领导和监督管理，推进粮食节约工作。

县级以上人民政府发展改革、农业农村、粮食和储备、市场监督管理、商务、工业和信息化、交通运输等有关部门，应当依照职责做好粮食生产、储备、流通、加工、消费等环节的粮食节约工作。

第五十三条　粮食生产者应当加强粮食作物生长期保护和生产作业管理，减少播种、田间管理、收获等环节的粮食损失和浪费。

禁止故意毁坏在耕地上种植的粮食作物青苗。

国家鼓励和支持推广适时农业机械收获和产地烘干等实用技术,引导和扶持粮食生产者科学收获、储存粮食,改善粮食收获、储存条件,保障粮食品质良好,减少产后损失。

第五十四条 国家鼓励粮食经营者运用先进、高效的粮食储存、运输、加工设施设备,减少粮食损失损耗。

第五十五条 国家推广应用粮食适度加工技术,防止过度加工,提高成品粮出品率。

国家优化工业用粮生产结构,调控粮食不合理加工转化。

第五十六条 粮食食品生产经营者应当依照有关法律、法规的规定,建立健全生产、储存、运输、加工等管理制度,引导消费者合理消费,防止和减少粮食浪费。

公民个人和家庭应当树立文明、健康、理性、绿色的消费理念,培养形成科学健康、物尽其用、杜绝浪费的良好习惯。

第五十七条 机关、人民团体、社会组织、学校、企业事业单位等应当加强本单位食堂的管理,定期开展节约粮食检查,纠正浪费行为。

有关粮食食品学会、协会等应当依法制定和完善节约粮食、减少损失损耗的相关团体标准,开展节约粮食知识普及和宣传教育工作。

第九章　监督管理

第五十八条　县级以上人民政府发展改革、农业农村、粮食和储备、自然资源、水行政、生态环境、市场监督管理、工业和信息化等有关部门应当依照职责对粮食生产、储备、流通、加工等实施监督检查,并建立粮食安全监管协调机制和信息共享机制,加强协作配合。

第五十九条　国务院发展改革、农业农村、粮食和储备主管部门应当会同有关部门建立粮食安全监测预警体系,加强粮食安全风险评估,健全粮食安全信息发布机制。

任何单位和个人不得编造、散布虚假的粮食安全信息。

第六十条　国家完善粮食生产、储存、运输、加工标准体系。粮食生产经营者应当严格遵守有关法律、法规的规定,执行有关标准和技术规范,确保粮食质量安全。

县级以上人民政府应当依法加强粮食生产、储备、流通、加工等环节的粮食质量安全监督管理工作,建立粮食质量安全追溯体系,完善粮食质量安全风险监测和检验制度。

第六十一条　县级以上人民政府有关部门依照职责开展粮食安全监督检查，可以采取下列措施：

（一）进入粮食生产经营场所实施现场检查；

（二）向有关单位和人员调查了解相关情况；

（三）进入涉嫌违法活动的场所调查取证；

（四）查阅、复制有关文件、资料、账簿、凭证，对可能被转移、隐匿或者损毁的文件、资料、账簿、凭证、电子设备等予以封存；

（五）查封、扣押涉嫌违法活动的场所、设施或者财物；

（六）对有关单位的法定代表人、负责人或者其他工作人员进行约谈、询问。

县级以上人民政府有关部门履行监督检查职责，发现公职人员涉嫌职务违法或者职务犯罪的问题线索，应当及时移送监察机关，监察机关应当依法受理并进行调查处置。

第六十二条　国务院发展改革、自然资源、农业农村、粮食和储备主管部门应当会同有关部门，按照规定具体实施对省、自治区、直辖市落实耕地保护和粮食安全责任制情况的考核。

省、自治区、直辖市对本行政区域耕地保护和粮食安全负总责，其主要负责人是本行政区域耕地保护和粮食安全的第一责任人，对本行政区域内的耕地保护和粮食安全目标负责。

县级以上地方人民政府应当定期对本行政区域耕地保护和粮食安全责任落实情况开展监督检查，将耕地保护和粮食安全责任落实情况纳入对本级人民政府有关部门负责人、下级人民政府及其负责人的考核评价内容。

对耕地保护和粮食安全工作责任落实不力、问题突出的地方人民政府，上级人民政府可以对其主要负责人进行责任约谈。被责任约谈的地方人民政府应当立即采取措施进行整改。

第六十三条　外商投资粮食生产经营，影响或者可能影响国家安全的，应当按照国家有关规定进行外商投资安全审查。

第六十四条　县级以上人民政府发展改革、农业农村、粮食和储备等主管部门应当加强粮食安全信用体系建设，建立粮食生产经营者信用记录。

单位、个人有权对粮食安全保障工作进行监督，对违反本法的行为向县级以上人民政府有关部门进行投诉、举报，接到投诉、举报的部门应当按照规定及时处理。

第十章　法律责任

第六十五条　违反本法规定，地方人民政府和县级以上人民政府有关部门不履行粮食安全保障工作职责或者有其他滥用职权、玩忽职守、徇私舞弊行为的,对负有责任的领导人员和直接责任人员依法给予处分。

第六十六条 违反本法规定,种植不符合耕地种植用途管控要求作物的,由县级人民政府农业农村主管部门或者乡镇人民政府给予批评教育;经批评教育仍不改正的,可以不予发放粮食生产相关补贴;对有关农业生产经营组织,可以依法处以罚款。

第六十七条 违反本法规定,承储政府粮食储备的企业或者其他组织有下列行为之一的,依照有关行政法规的规定处罚:

(一)拒不执行或者违反政府粮食储备的收购、销售、轮换、动用等规定;

(二)未对政府粮食储备的收购、销售、轮换、动用等进行全过程记录;

(三)未按照规定保障政府粮食储备数量、质量安全。

从事粮食收购、储存、加工、销售的经营者以及饲料、工业用粮企业未按照规定建立粮食经营台账,或者报送粮食基本数据和有关情况的,依照前款规定处罚。

第六十八条 违反本法规定,侵占、损毁、擅自拆除或者迁移政府投资建设的粮食流通基础设施,或者擅自改变其用途的,由县级以上地方人民政府有关部门依照职责责令停止违法行为,限期恢复原状或者采取其他补救措施;逾期不恢复原状、不采取其他补救措施的,对单位处五万元以上五十万元以下罚款,对个人处五千元以上五万元以下罚款。

第六十九条 违反本法规定,粮食应急状态发生时,不服从县级以上人民政府的统一指挥和调度,或者不配合采取应急处置措施的,由县级以上人民政府有关部门依照职责责令改正,给予警告;拒不改正的,对单位处二万元以上二十万元以下罚款,对个人处二千元以上二万元以下罚款;情节严重的,对单位处二十万元以上二百万元以下罚款,对个人处二万元以上二十万元以下罚款。

第七十条 违反本法规定,故意毁坏在耕地上种植的粮食作物青苗的,由县级以上地方人民政府农业农村主管部门责令停止违法行为;情节严重的,可以处毁坏粮食作物青苗价值五倍以下罚款。

第七十一条 违反有关土地管理、耕地保护、种子、农产品质量安全、食品安全、反食品浪费、安全生产等法律、行政法规的,依照相关法律、行政法规的规定处理、处罚。

第七十二条 违反本法规定,给他人造成损失的,依法承担赔偿责任;构成违反治安管理行为的,由公安机关依法给予治安管理处罚;构成犯罪的,依法追究刑事责任。

第十一章 附　则

第七十三条　本法所称粮食，是指小麦、稻谷、玉米、大豆、杂粮及其成品粮。杂粮包括谷子、高粱、大麦、荞麦、燕麦、青稞、绿豆、马铃薯、甘薯等。

油料、食用植物油的安全保障工作参照适用本法。

第七十四条　本法自 2024 年 6 月 1 日起施行。

关于《中华人民共和国粮食安全保障法(草案)》的说明

——2023年6月26日在第十四届全国人民代表大会常务委员会第三次会议上

司法部部长 贺 荣

委员长、各位副委员长、秘书长、各位委员：

我受国务院委托，现对《中华人民共和国粮食安全保障法（草案）》(以下简称《草案》)作说明。

一、起草工作情况

粮食事关国计民生，粮食安全是国家安全的重要基础。党中央、国务院高度重视国家粮食安全工作。习近平总书记指出，解决好十几亿人口的吃饭问题，始终是我们党治国理政的头等大事；只有把牢粮食安全主动权，才能把稳强国复兴主动权；必须全方位夯实粮食安全根基,既要抓物质基础,也要抓机制保障。李强总理强调,不断增强粮食安全是"国之大者"意识,紧抓耕地和种子"两个要害",加快实施新一轮千亿斤粮食产能提升行动,切实保障粮食和重要农产品稳定安全供给,端牢中国人自己的饭碗。

当前我国粮食安全形势总体较好,粮食连年丰收,库存充足,市场供应充裕。与此同时,我国粮食需求刚性增长,粮食安全仍面临耕地总量少、质量总体不高,粮食稳产增产难度加大、储备体制机制有待健全、流通体系有待完善、加工能力有待提升、应急保障有待加强、节约减损有待规范等诸多问题挑战。制定粮食安全保障法,对推动解决上述问题,保障粮食有效供给,确保国家粮食安全,提高防范和抵御粮食安全风险能力,具有重大意义。

为贯彻落实党中央、国务院决策部署,国家发展改革委、国家粮食和储备局起草了《中华人民共和国粮食安全保障法(送审稿)》。司法部先后两次征求中央有关部门、地方人民政府、企业的意见,赴地方开展实地调研,召开专家论证会,在此基础上会同国家发展改革委、国家粮食和储备局等有关部门研究形成了《草案》。2023年5月5日,国务院第5次常务会议讨论并原则通过《草案》。

二、《草案》的总体思路

一是坚持以习近平新时代中国特色社会主义思想为

指导，全面贯彻落实党的二十大精神，深入贯彻落实习近平总书记关于粮食安全的重要指示精神和党中央、国务院决策部署，坚持总体国家安全观，深入实施国家粮食安全战略，立足我国国情、粮情，着力构建系统完善的粮食安全保障制度体系，为国家粮食安全提供坚实的法治保障。二是坚持问题导向，聚焦耕地保护和粮食生产、储备、流通、加工等环节以及粮食应急、节约等方面的突出问题，全方位夯实粮食安全根基，切实提高防范和抵御粮食安全风险能力，保障粮食有效供给，确保中国人的饭碗牢牢端在自己手中。三是深入总结党的十八大以来粮食安全领域改革成果，将经实践检验成熟的政策措施和制度成果转化为法律规范，为推进粮食安全治理能力现代化提供法治保障。

三、《草案》的主要内容

《草案》共11章69条，包括总则、耕地保护、粮食生产、粮食储备、粮食流通、粮食加工、粮食应急、粮食节约、监督管理、法律责任和附则。主要内容如下：

（一）坚持党的领导。按照在法律法规中落实党的领导要求，明确规定国家粮食安全工作坚持中国共产党的领导，贯彻总体国家安全观，统筹发展和安全，实施以我为主、立足国内、确保产能、适度进口、科技支撑的国家粮食安全战略。（第二条）

（二）加强耕地保护。耕地保护是粮食安全的要害。为落实藏粮于地战略，牢牢守住十八亿亩耕地红线，坚决遏制"非农化"、有效防止"非粮化"，《草案》专设"耕地保护"一章，规定划定落实耕地和永久基本农田保护红线、生态保护红线和城镇开发边界，严格保护耕地；建立耕地保护补偿制度，调动耕地保护责任主体保护耕地的积极性；实行占用耕地补偿制度，占用耕地的单位负责补充与所占用耕地数量相等、质量相当、产能不降的耕地；严格控制耕地转为林地、草地、园地等其他农用地，确需将耕地转为其他农用地的，补充数量相等、质量相当、产能不降的耕地；加强耕地种植用途管控，耕地应当主要用于粮食和棉、油、糖、蔬菜等农产品及饲草饲料生产；加强高标准农田建设，提高耕地质量。（第二章）

（三）加强粮食生产能力建设。为落实藏粮于技战略，加大对粮食生产的支持力度，《草案》规定，建设国家农业种质资源库，建立种子储备制度；鼓励推广普及粮食生产机械化技术；加强农业技术推广体系建设以及粮食生产防灾减灾救灾能力建设；建设粮食生产功能区和重要农产品生产保护区；粮食主产区、主销区、产销平衡区都应当保面积、保产量；健全粮食生产者收益保障机制，完善农业支持保护制度和粮食价格形成机制，保护粮食生产者的种粮积极性；健全粮食主产区利益补偿机制，完善对粮食主产区和产粮大县的财政转移支付制度。（第三章）

（四）完善粮食储备体制机制。为健全粮食储备长效机制，充分发挥粮食储备调节粮食供求、稳定粮食市场等重要作用，《草案》规定，建立政府粮食储备体系，科学确定政府粮食储备规模、结构和布局，确保数量和质量安全；承储企业应当建立健全内部管理制度，确保政府粮食储备安全并符合标准；政府粮食储备的收购、销售、轮换、动用等应当严格按照国家有关规定执行，并进行全过程记录；地方人民政府应当指导规模以上粮食加工企业建立企业社会责任储备，鼓励相关农业生产经营主体自主储粮；加强粮食储备基础设施及质量检验能力建设。（第四章）

（五）加强粮食流通管理。为建设高效顺畅的粮食流通体系，《草案》规定，加强对粮食市场的管理和调控，保持全国粮食供求总量基本平衡和市场基本稳定；加强粮食流通基础设施建设和保护，不得侵占、损毁、擅自拆除或者迁移，不得擅自改变其用途；加强粮食流通信息管理，粮食经营者应当建立粮食经营台账；粮食供求关系和价格显著变化或者有可能显著变化时，可采取发布粮食市场信息、实行政策性粮食收储和销售等市场调控措施。（第五章）

（六）保障粮食加工能力。为推动粮食加工业高质量发展，提升粮食供应保障能力，《草案》规定，优化粮食加工结构，优先保障口粮加工，饲料用粮、工业用粮加工应当服从口粮保障；科学布局粮食加工业，确保

区域粮食加工能力；鼓励产销合作，稳定产销关系，促进区域粮食供求平衡。(第六章)

（七）强化粮食应急保障能力建设。为完善粮食应急管理体系，提升粮食应急保障能力，《草案》规定，建立统一领导、分级负责、属地管理为主的粮食应急管理体制，加强粮食应急体系建设，健全粮食应急网络，制定粮食应急预案；建立粮食市场异常波动报告制度，在出现粮食应急状态时，及时启动应急响应，采取政策性粮食销售、组织投放储备粮食、增设应急供应网点等措施。(第七章)

（八）全链条规范粮食节约减损。为贯彻落实习近平总书记关于节粮减损的重要批示精神和中央有关文件要求，《草案》规定，有关部门依照职责做好粮食生产、储备、流通、加工、消费等环节的粮食节约工作；禁止故意毁坏粮食作物青苗；粮食生产者加强粮食作物生长期保护和生产作业管理；鼓励粮食经营者运用先进、高效的粮食储存、运输、加工设施设备，减少粮食损失损耗；食品生产经营者引导消费者合理消费，公民个人和家庭树立文明、健康、理性、绿色的消费理念；加强节粮减损技术保障，推广应用粮食适度加工技术和节粮减损新技术、新工艺、新设备。(第八章)

（九）健全粮食安全保障责任机制。为全面落实粮食安全各方责任，《草案》规定了部门监管职责和监测预警、质量安全管理、监督检查、责任制考核、信用体

系建设等制度措施。(第九章)

此外,《草案》还对违反本法的行为规定了相应的法律责任,并与土地管理、农产品质量安全、食品安全、反食品浪费、安全生产等法律、行政法规进行了衔接。

《草案》和以上说明是否妥当,请审议。

全国人民代表大会宪法和法律委员会关于《中华人民共和国粮食安全保障法(草案)》修改情况的汇报

全国人民代表大会常务委员会：

  常委会第三次会议对粮食安全保障法草案进行了初次审议。会后，法制工作委员会将草案印发部分省（区、市）人大、中央有关部门和全国人大代表、基层立法联系点、研究机构等征求意见；在中国人大网全文公布草案，征求社会公众意见。宪法和法律委员会、农业与农村委员会、法制工作委员会联合召开座谈会，听取中央有关部门、全国人大代表、基层立法联系点和专家学者对草案的意见。宪法和法律委员会、法制工作委员会还到河北、陕西、甘肃、青海等地调研，并就草案的有关问题同有关方面交换意见，共同研究。宪法和法律委员会于 10 月 8 日召开会议，根据常委会组成人员意见和各方面意见，对草案进行了逐条审议。农业与农村委员会、国家发展和改革委员会、司法部、自然资源部、农业农村部、国家粮食和物资储备局有关负责同志列席了会议。10 月 13 日，宪法和法律委员会召开会议，再次进行了审议。现将粮食安全保障法草案主要问题修改情况汇报如下：

一、有的常委会组成人员和地方提出，粮食安全保障工作主要涉及发展改革、自然资源、农业农村、粮食和储备主管部门，建议予以明确，并加强部门之间的协同配合。宪法和法律委员会经研究，建议采纳这一意见，对草案第三条第二款作出修改。

二、草案第五条对政府编制粮食安全保障相关专项规划作了规定。有的常委委员和地方提出，专项规划应由政府部门编制。宪法和法律委员会经研究，建议将这一条的有关规定修改为，县级以上人民政府有关部门编制粮食安全保障相关专项规划，按照程序批准后实施。

三、有些常委会组成人员和地方、部门、基层立法联系点、研究机构、社会公众提出，种粮的比较效益低，国家应充分调动种粮农民和地方政府保护耕地、种粮抓粮积极性，确保粮食增产、农民增收；同时还应明确给予政策性保险支持。宪法和法律委员会经研究，建议采纳这一意见，在国家粮食安全保障投入机制的规定中增加相关内容。

四、有的常委委员和地方建议增加开展粮食国际贸易和粮食安全合作的内容。宪法和法律委员会经研究，建议采纳这一意见，增加相关规定。

五、落实中央财经委员会第二次会议精神，根据有的常委会组成人员和地方、部门、基层立法联系点、研究机构的意见，宪法和法律委员会经研究，建议在提升耕地质量、建设高标准农田、加强撂荒地治理、推动盐碱地综合利用等方面作以下修改：一是规定国家建立严格的耕地质量保护制度，加强高标准农田建设，按照量质并重、系统推进、永续利用的要求，坚持政府主导和社会参与、统筹规划与分步实施、用养结合与建管并重的原则，健全完善投入保障机制，提高建设标准和质量。二是增加一条规定：县级以上地方人民政府应当因地制宜、分类推进撂荒地治理，采取措施引导复耕。家庭承包的发包方可以依法通过组织代耕代种等形式将撂荒地用于农业生产。三是增加一条规定：国家推动盐碱地综合利用，制定盐碱地综合利用相关规划和财政支持政策，鼓励、引导社会资本投入，挖掘盐碱地开发利用潜力，分区分类开展盐碱耕地治理改良，加快选育耐盐碱特色品种，推广改良盐碱地有效做法，遏制耕地盐碱化趋势。

六、有些常委会组成人员和农业与农村委员会、部门建议增加化肥、农药、农用薄膜等农业生产资料保障供应和科学使用的内容。宪法和法律委员会经研究，建议采纳这一意见，增加一条规定：县级以上人民政府应当统筹做好化肥、农药、农用薄膜等农业生产资料稳定供应工作，引导粮食生产者科学减少化肥、农药施用量，合理使用农用薄膜，增施有机肥料。

七、有些常委委员和社会公众建议对节约粮食作出针对性规定。宪法和法律委员会经研究，建议增加一条规定：机关、人民团体、社会组织、学校、企业事业单位等应当加强本单位食堂的管理，定期开展节约粮食检查，纠正浪费行为。有关粮食食品等行业协会应当依法制定和完善节约粮食、减少损失损耗的相关团体标准，开展节约粮食知识普及和宣传教育工作。

八、草案第六十八条第一款规定，本法所称粮食，是指小麦、稻谷、玉米、大豆、杂粮及其成品粮。一些常委会组成人员和地方、部门、社会公众建议，在粮食定义中增加薯类，明确杂粮的范围。宪法和法律委员会经研究，建议采纳这一意见，增加规定，杂粮包括高粱、大麦、荞麦、青稞、绿豆、马铃薯、甘薯等。

此外，还对草案作了一些文字修改。

草案二次审议稿已按上述意见作了修改，宪法和法律委员会建议提请本次常委会会议继续审议。

草案二次审议稿和以上汇报是否妥当，请审议。

全国人民代表大会宪法和法律委员会
2023 年 10 月 20 日

全国人民代表大会宪法和法律委员会关于《中华人民共和国粮食安全保障法(草案)》审议结果的报告

全国人民代表大会常务委员会：

　　常委会第六次会议对粮食安全保障法草案进行了二次审议。会后，法制工作委员会在中国人大网全文公布草案二次审议稿，征求社会公众意见。宪法和法律委员会、法制工作委员会还到黑龙江、吉林、辽宁、湖南、广东等地调研，听取意见，并就草案的有关问题同有关方面交换意见，共同研究。宪法和法律委员会于12月6日召开会议，根据常委会组成人员审议意见和各方面的意见，对草案进行了逐条审议。农业与农村委员会、国家发展和改革委员会、司法部、财政部、自然资源部、农业农村部、国家粮食和物资储备局有关负责同志列席了会议。12月18日，宪法和法律委员会召开会议，再次进行了审议。宪法和法律委员会认为，草案经过两次审议修改，已经比较成熟。同时，提出如下主要修改意见：

一、根据有的常委会组成人员和地方、社会公众的意见，宪法和法律委员会经研究，建议完善大食物观有关内容，增加规定满足人民群众对食物品种丰富多样、品质营养健康的消费需求。

二、有的常委会组成人员、全国人大代表和社会公众建议完善粮食质量安全的有关规定。宪法和法律委员会经研究，建议作以下修改：一是在有关构建粮食供给保障体系的规定中明确提升粮食质量安全的要求；二是增加规定粮食加工经营者应当执行国家有关标准，不得掺杂使假、以次充好，对其加工的粮食质量安全负责，接受监督；三是在规定鼓励引导粮食加工结构优化的基础上，进一步要求增加优质、营养粮食加工产品供给。

三、有些常委委员和地方、全国人大代表、社会公众提出，粮食安全保障工作应与全面推进乡村振兴结合起来，充分调动种粮农民积极性，促进农民增收。宪法和法律委员会经研究，建议增加以下规定：一是在总则中增加全面推进乡村振兴的内容；二是在健全粮食生产者收益保障机制的规定中明确促进农业增效、粮食生产者增收；三是增加提高为粮食生产者提供社会化服务水平的规定。

四、有的常委会组成人员和地方、部门、社会公众建议完善粮食安全的科技支撑、技术推广、基础设施建设等方面内容。宪法和法律委员会经研究，建议作以下修改：一是明确规定促进粮食领域先进技术、设备的推广使用，提高科技支撑能力；二是增加加强水利基础设施建设的内容；三是明确国家推进农业机械产业发展；四是增加规定支持推广间作套种等种植方法，提高粮食单产。

五、有的常委委员和部门、全国人大代表、社会公众提出，改革完善耕地占补平衡制度，本法对各类占用耕地的补充耕地作出原则性要求，可不作具体规定，为改革留有必要空间，在总结实践经验的基础上，在相关法律中加以规定。宪法和法律委员会经研究，建议采纳这一意见，本法作出衔接性规定，将有关规定修改为，国家实行占用耕地补偿制度，严格控制各类占用耕地行为；确需占用耕地的，应当依法落实补充耕地责任。同时，根据有的常委委员和地方的意见，建议对草案涉及黑土地优质耕地保护的内容单列一款作出规定。

六、有关部门提出，目前划定的粮食生产功能区和重要农产品生产保护区，与第三次全国国土调查结果相比，耕地布局、数量、结构发生较大变化，已划定的"两区"中的部分地块耕地性质已发生变化，需作适时调整补划，本法对禁止擅自改变粮食生产功能区和重要农产品生产保护区可不作规定，在相关立法中再作研究考虑。宪法和法律委员会经研究，建议采纳这一意见。

七、根据有关改革精神，有关部门建议明确承储政府粮食储备的企业实行储备与商业性经营业务分开，防控粮食安全风险；同时，落实组建统一的省级储备粮管理企业或依托现有机构的改革要求，建议考虑对承储地方政府粮食储备的执行主体既有企业也有事业单位的情况。宪法和法律委员会经研究，建议采纳这一意见，将有关内容修改为，承储政府粮食储备的企业或者其他组织应当遵守法律、法规和国家有关规定，实行储备与商业性经营业务分开，建立健全内部管理制度，落实安全生产责任和消防安全责任，对承储粮食数量、质量负责，实施粮食安全风险事项报告制度，确保政府粮食储备安全。

八、根据有些常委委员和地方、社会公众的意见，宪法和法律委员会经研究，建议对有关农业生产经营组织违反耕地种植用途管控规定的可以处以罚款的数额、幅度不作具体规定。

九、根据农业与农村委员会和有的部门、地方的意见，宪法和法律委员会经研究，建议在杂粮的范围中增加列举谷子、燕麦。

此外，还对草案二次审议稿作了一些文字修改。

12月13日，法制工作委员会召开会议，邀请部分基层全国人大代表、地方有关部门、种粮大户和专家学者，就草案主要内容的可行性、法律出台时机、法律实施的社会效果和可能出现的问题等进行评估。普遍认为，草案全面贯彻落实党的二十大精神和党中央决策部署，坚持国家粮食安全战略，健全完善粮食安全保障工作制度，强化风险防范与应急管理，全方位夯实粮食安全根基，主要制度规范具有针对性、操作性，是可行的，建议修改完善后尽快出台。与会人员还对草案提出了一些完善意见，有些意见已经采纳吸收。同时，建议抓紧制定和完善配套规定，确保法律有效实施。

草案三次审议稿已按上述意见作了修改，宪法和法律委员会建议提请本次常委会会议审议通过。

草案三次审议稿和以上报告是否妥当，请审议。

全国人民代表大会宪法和法律委员会
2023年12月25日

全国人民代表大会宪法和法律委员会关于《中华人民共和国粮食安全保障法(草案三次审议稿)》修改意见的报告

全国人民代表大会常务委员会：

本次常委会会议于12月25日下午对粮食安全保障法草案三次审议稿进行了分组审议。普遍认为，草案已经比较成熟，建议进一步修改后，提请本次常委会会议表决通过。同时，有些常委会组成人员和列席人员还提出了一些修改意见和建议。宪法和法律委员会于12月25日晚召开会议，逐条研究了常委会组成人员和列席人员的审议意见，对草案进行了审议。农业与农村委员会、国家发展和改革委员会、司法部、财政部、自然资源部、农业农村部、国家粮食和物资储备局有关负责同志列席了会议。宪法和法律委员会认为，草案是可行

的,同时,提出以下修改意见:

一、有的常委委员提出,粮食安全是国家安全的重要基础,建议增加"根据宪法"制定本法。宪法和法律委员会经研究,建议采纳这一意见。

二、有的常委委员提出,推进农业信息化建设有利于促进农业转型升级和农民持续增收,为加快农业现代化发展提供强大的创新动力。目前,草案只规定了粮食生产、储备环节的信息化建设,建议在总则中增加相关内容。宪法和法律委员会经研究,建议在国家加强粮食安全科技创新能力建设的相关规定中增加"信息化"的内容。

三、有的常委会组成人员和列席人员提出,农业现代化关键在科技、在人才,建议加强粮食科技人才队伍建设。宪法和法律委员会经研究,建议增加规定,国家完善科技人才培养、评价和激励等机制。

在常委会审议中,有的常委会组成人员还对法律出台后的实施和宣传工作提出建议。宪法和法律委员会建议有关方面认真研究常委会组成人员的审议意见,抓紧制定完善相关配套规定,推动法律规定的各项制度落实,积极做好宣传解读,提升全社会粮食安全意识,切实抓好法律正确有效实施,共同做好粮食安全保障工作。

经与有关部门研究,建议将本法的施行时间确定为2024年6月1日。

此外，根据常委会组成人员的审议意见，还对草案三次审议稿作了一些文字修改。

草案修改稿已按上述意见作了修改，宪法和法律委员会建议本次常委会会议审议通过。

草案修改稿和以上报告是否妥当，请审议。

全国人民代表大会宪法和法律委员会

2023 年 12 月 29 日